Paul Gisi
Tonleiter des Horizonts
Gedichte

Bibliographische Information der Deutschen National-
bibliothek: Die Deutsche Nationalbibliothek verzeichnet
diese Publikation in der deutschen Nationalbibliogra-
phie, detaillierte bibliographische Daten sind im Internet
über http://dnb.dnb.de abrufbar.

© 2021 Autor: Paul Gisi, op.125
Umschlagbild Ludwig Weibel
Herstellung und Verlag:
BoD – Books on Demand, Norderstedt
ISBN 9783753479071

Paul Gisi

Tonleiter des Horizonts

Gedichte

Inhalt

Tonleiter des Horizonts

Segelboote
in deinem Atem

≈≈≈   ≈≈≈

Letztes Licht
tropft
in die Flohkrebsarme
um auszuruhn

≈≈≈   ≈≈≈

Auf deinem ausgestreckten Arm
wandert das Weltall
nach Hause
zu dir

~~~   ~~~

Was für ein Philosoph
dieser Ährenfisch
wir tanzen
mit Wega
in der Leier
in die offne Hand
der Schöpfung

~~~   ~~~

Weltallvasal
Lust

Ich übte
den Weitsprung
übers Präkambrium
und landete
vor deinen Füssen

In den Pigmentflecken
der Täuschung
ein Wort finden
aus Abgründen heraufholen
und fortfliegen

꣎꣎   ꣎꣎

Ohne Radarrundsichtgerät
schiffbrüchig
der Spitzbartfisch
trunken in Ozeanweiten
in Neptuns Notenschrift

꣎꣎   ꣎꣎

Luft zu streicheln
das Silberglitzern
des Augenblicks
nähere dich
den Tränenspuren
hinter den Felsen
ruhe aus im Schatten
eine Antwort finden
musst du nicht

Leibanleib
mit einem Gesang
fingerinfinger
molluskenweich
die Haut
Rohrdommelflöte
deine Zunge
der Windgeist
der dich umspielt

ein paar Schritte
mit dir
als ob das möglich wäre

Achtzig Jahre Leben
wie ein Eintagsfieber
eine einsame Viola tricolor
im krähenfüssigen Wind

꙳꙳   ꙳꙳

Sphärisch geschwungen
die Lippen
zwei Wasserschlangen
sich windend
in fernen Wellen

꙳꙳   ꙳꙳

Das Wort
schwingt sich
auf einen Fischrücken
durch die Weltallbahnen
in deinen Blutbahnen

꩜ ꩜

Turbanbemützt
das Wort

in deiner Hand
der Flackerstern *Ceti*

꩜ ꩜

Übers Weltall
zu meditieren
ist mir zu fern
ich halte mich
ans Korallenriff
in deinen Augen

Nun sind sie aufgewacht
die Sterne
als mein Auge
in deines stürzte
und wie singt
die Nacht
auf deinen Lippen!

Gleitende Massstäbe
im Echoraum von Antares
im Skorpion
alles kann widerrufen werden
in perspektivischen Positionen
schrägseits gegen den Wind
bei Gitarrenklängen luvbords

≈≈   ≈≈

Mit dir
hautaufhaut
mit dir
ateminatem
e i n s

≈≈   ≈≈

Waldbrustwurzdolden

˚˄˚　　˚˄˚
˚˄˚　　˚˄˚

Wir tappen
zueinander
im weissen Baumwollflaumigen
hinter dem Roten Riesen
um eng umschlungen
zu tanzen

˚˄˚　　˚˄˚
˚˄˚　　˚˄˚

Freischwebend
wie Staub
die Worte
wenn Zugvögel
den See verdunkeln
in der unbekannten Gleichung

Eine Gespinstpflanze
dein Körper
atemwarme Liebe
im Zuruf
der Angst

Die Notenfähnchen
des Herzens
flattern
im Nachtwind

      ʾʾʾ   ʾʾʾ

Lianen deine Beine
deine Hände ein Spinett
   nacktinnackt
   INEINANDERKLINGEND

      ʾʾʾ   ʾʾʾ

Rausch der Klarheit
splitterfasernackter Wind
   wir ranken uns
aneinander auf

     ʌ̂ʌ   ʌ̂ʌ

Aus Luftwurzeln
entstehen Wälder

     ʌ̂ʌ   ʌ̂ʌ

Die zwölf Lü
der chinesischen Musik
auf deinen Flügeln
kleiner Maskengimpel

꞉꞉꞉꞉   ꞉꞉꞉꞉

Der Atem stockt
in der Vereinigung
des Widerspruchs
es ist schwer geworden
weiterzugehen
im Beerentang
auf den Steilhängen
des Glissandos

꞉꞉꞉꞉   ꞉꞉꞉꞉

Wind spielt
mit den Staubblättern
des Birnbaums

≈ ≈

Im Herz des Seins
auf der Tonleiter
des Horizonts
der Staubfaden
der Erkenntnis

≈ ≈

Tropfen der Verzweiflung
fallen
ich weiss nicht wohin
der lichtlose Punkt
nah und fern zugleich
deine Pupille
das schwarze Loch
im Gleichgewicht
in sich selbst
mir gegenüber

Ich trage die Milchstrasse
als Schriftrolle
in meinem Koffer
im Gewölbe meiner Hand
tanzen Cepheiden
ich bemühe mich
nicht im geringsten
dies zu deuten

Wir wollen uns finden
im Wimpernschlag
der Ohnmacht

≈≈   ≈≈

Schwärendschwarze Schwüle
schwelt schwulstig
schwadrig
überm Land
als die kralligen Pfoten
des Dornteufels
Städte um Städte zerstörten

≈≈   ≈≈

Räucherig
die Traumwände
in den Augen
des Schnurwurms
– wir finden uns
blind

꙯꙯   ꙯꙯

Die Sterne am Himmel blecken
um mich zu erschrecken
was hat sich doch alles verschoben
dort oben
denke ich verschroben

꙯꙯   ꙯꙯

Frieden spannt sich
zwischen den Sternen aus
wenn die Einsiedlerdrossel
singt

         ⁀⁀⁀   ⁀⁀⁀

Auf den Kausalketten
tanzen Kobolde
die Sicht der Dinge
simultan
Weltall
bleib auf deinen Bahnen
kümmere dich nicht um mich
ich kümmere mich
auch nicht um dich
und spaziere ruhig weiter

         ⁀⁀⁀   ⁀⁀⁀

Nacht faltet sich ein
in einem noch nicht entdeckten
Gleichgewicht

Leicht wie das Weltall
deine Hand
in meiner Hand
ein Vogeltraum

Unter dem Regenschirm
mein Kontinent

Das Nichts
kommt angebraust

ͽͽͽ   ͽͽͽ

Was für ein weiter Weg
hinter dem Ziel

ͽͽͽ   ͽͽͽ

Ort und Stunde
bleiben zufällig
ausser mit dir

     °°°   °°°

Es ist kalt geworden
decke dich zu
mit dem Horizont

     °°°   °°°

Ein Perlschupper
vagabundiert
durch Gekrümmte Räume
des Weltalls
ihm wurde der Ozean
zu klein
– wer das nicht versteht
soll Kartoffeln schälen

     ~~~   ~~~

Er hatte
viele Lebensjahre
angehäuft
sonst gab es
bei ihm
nichts Zählbares

     ~~~   ~~~

Man muss nicht
Homer heissen
um wie die Götter
in ein Gelächter
zu fallen
mir genügt es
die Gegenwart zu betrachten
und zu lachen
hemmungslos zu lachen

Die Zeit ist flüchtig
ich finde das tüchtig
trolltoll
derweil die Pfeife raucht
wie erlaucht

Unbezwingbar
die Nordwand
des Herzens

≋   ≋

Die Kehrseite
des Lebens
ist das Leben

≋   ≋

In der Grotte
dein Leib
wie ein verirrter Stern

     ⁂   ⁂

Mit dir
zu leben
aber auch ohne dich
kein Problem

     ⁂   ⁂

Du wolltest
mich kennen lernen
ich deine Banalitäten nicht

      ⁀⁀⁀   ⁀⁀⁀

Ich finstere
du finsterst
er finstert

wir lichthellen
ihr lichthellt
sie – sie sagen nichts

      ⁀⁀⁀   ⁀⁀⁀

Um deine Handschrift
zu entziffern
müsste ich tausend Jahre
älter sein

pass auf
mir wird das gelingen

Windzerzauste Annäherung
an das
was mich entgrenzt

Vergib mir nicht
dass ich bei dir bleibe

      ᠅   ᠅

Der Stein
ist mir
weit voraus
er kennt die Dauer

      ᠅   ᠅

Ob ja oder nein
einerlei

⌣⌣⌣   ⌣⌣⌣

Reime sind Krücken
Mückentücken
auf dem Rücken
doch nichts hindert das Gelichter
der Dichter
um wie wild zu jonglieren
und pausenlos zu parlieren

⌣⌣⌣   ⌣⌣⌣

Grenzen zu ziehen
überlasse ich den Denkern
und setze Segel
in deinem Atem

        ≈≈   ≈≈

Unter dem Regenschirm
mein Kontinent

        ≈≈   ≈≈

Ein paar Schritte
vorwärts
rückwärts
so ist das Leben
mehr nicht

Als ich Gottes Beine
nackt sah
musste ich lachen
da hat auch Er gelacht
und zog sich ganz aus
da strahlte das Weltall

Alles geht behende
zu Ende
wie der Sonnenschein
auf deinem Bein
trinke Wein
und wein
Cognac
oder Armagnac
Mirabellenschnaps
oder sonst ein Paps
bevor du musst in die Klaps

Techtelmechtel
im Gemächtel
hüh und hott
aus dem hochprozentigen Pott
zuzuzwinkeln
deinem nackten Zugeblinkeln
hemmungslos
eindämmungslos

Lakonik in Lakonien
Rhapsodik
als Pfifferlinge
auf dem Tisch

ᨀᨀ   ᨀᨀ

Wenn Berge
mit Vögeln
um die Wette fliegen
Fische
über Milchstrassen
flitzen
    dann
ist der Zackenbarsch
in der Nähe

ᨀᨀ   ᨀᨀ

Schlangengeister
kurz vor der Erleuchtung
in deiner Hand

　　　　෴　　　෴

Ich stieg
die Treppe
hinunter
und hatte
das Gefühl
es ginge aufwärts

heute
kann man sich
auf nichts mehr
verlassen

　　　　෴　　　෴

Der Weinstern
fährt
in der Kutsche
als ob die Zeit
stehen geblieben wäre

Ich bin
weit weg
von allem

unauffindbar
nah

Ich verneige mich
vor dir
würdevoller Krake

    ᨏᨏ   ᨏᨏ

Als er das Philosophiebuch
zuklappte
entdeckte er die Sonne
vor dem Fenster

    ᨏᨏ   ᨏᨏ

Schreiten wir furbass
in diesem Bass
hin aufs ohrlose Tonlose
nimm Baldrian
Adrian
reg dich nimmer auf
und sauf

～～～　　～～～

Ich stecke
mit einem Bein
mitten im Leben

mit dem andern auch

～～～　　～～～

Lass es gut sein
was nicht gut ist

＾＾＾   ＾＾＾

Atemleicht
sanftflaumig
deine Zuneigung

＾＾＾   ＾＾＾

Wenn du
mir hilfst
ist dir
nicht zu helfen

~~~   ~~~

Lass sie ungestört
die Wasserdrachen

Nur von deinem Puls umfangen

Versunkne Horizonte
im Hirnödem
    troglodytisch
    sehr fern sehr nah

Licht
mit so viel Substanz
sich in Finsternis zu verwandeln

Das Wort
ein knollenförmiger Pilz
unauffindbar

≋   ≋

Aufschwünge Schwebendes
– was für ein Wagnis
weiterzugehn
durch das Aufflammende
des unbekannten Atems

≋   ≋

Ich suche dich
in Höhlen
in fernen Flugbahnen
in Visionen
– derweil
sitzt du sehr nah
neben mir

॒॒॒॒   ॒॒॒॒

Aalquappenfarben
auf der Gesangspalette –
    lachend
        weinend

॒॒॒॒   ॒॒॒॒

Ich schenke dir
die *Colmarer Liederhandschrift*
nimm sie ruhig an
als hätte ich sie geschrieben

꙳꙳꙳   ꙳꙳꙳

Das Aufflammen
deiner Hand
durch nichts verursacht
    in sich
weit ausgreifend
bis in mein Inneres

꙳꙳꙳   ꙳꙳꙳

Unter geriffelter Schale
pocht das Käferherz
so mutig so mutig

꒰ ꒱   ꒰ ꒱

Meine Gedichte
ein Korallenwelsschwarm
im Stillen Ozean
deiner Träne

꒰ ꒱   ꒰ ꒱

Wind braust
in den Verlorenheiten
der Nacht
in der wir uns suchen
    dort
im unauffindbaren Kern

       ✷   ✷

Ich winke dir zu
als Schwarze Seezunge
als Sextant
aus eintausendeinhundert Lichtjahren
    Entfernung
als rote und weisse Blutkörperchen
die wir geheimnisvoll tauschen

       ✷   ✷

Die Sinfonie
des Wassernabelkrauts
schwingt weit aus
von deinem Körper
in den Ringnebel in der Leier
ins versunkne Liebeslied

    ♫♫   ♫♫

Milchstrassen
wie Notenlinien
für Choralnotationen
in dir

    ♫♫   ♫♫

Du darfst es wissen
wo die Ohreule haust
in welchem Spiralnebel
Sculptoris sich versteckt
an welchem Waldrand
der Rote Fingerhut blüht

    ich liebe
    mit dir
    zu vergessen
    was ich weiss

       ⁓⁓⁓   ⁓⁓⁓

Wie Sommersprossen
die hagebuttenroten Sterne
ein Blinkern im Weinglas
ein Flirren auf deinen Lippen
ein verlöschendes Flittern

       ⁓⁓⁓   ⁓⁓⁓

Ich wünsche dir
einen guten Morgen
kleiner Kieselstein

    ᣳᣳ   ᣳᣳ

In geistiger Versenkung
tanzt das Dasein
s i n n l i c h
mit kobaltblauen
weisstentakligen Seenelken

    ᣳᣳ   ᣳᣳ

Ins Unendliche gekrümmt
deine Hand
die bei mir
das Weinglas hält
im Verdunkeln der Pupille
im Aufkommen der Schlaflosigkeit

※ ※

Irrlichternd
verirrt verwirrt
im inneliegenden Labyrinth
zwieselige* Worte
    nur auffindbar
    für dich

(* zwieselig: gegabelt, gespalten)

※ ※

Die Schieferbuschdrossel
in der Wüste
singt
auch wenn sie niemand hört
SINGT IHR EINMALIGES LEBEN

Lass alle Phänomene
hinter dir
mach dich auf
zu den Visionen
den weltallweiten
in dir

Alles Erscheinende
spiegelt
das Nichts

Irrsinn
im Labyrinth
der Illusion
– nirgendwo
ein Vogelruf

Worte
wie Wasserstoffatomkerne
niederstürzend ins Nichts
in sich selbst verloren
nur von deinem Puls
umfangen

Die Eulenaugen
von Subra
im Stundenkreis
des unbekannten Zeitmasses
schauen dich
Mensch aus Staub
lange erstaunt an

LIEBE
Pilzfäden
strauchig zusammengewachsen
schuppig krustig
unauflösbar e i n s

Verwandle Trennendes
erweitere den Traum
verwebe Fadenalgen
in den Maserungen der Nacht
bevor alles im Nichts versinkt

Das Weltall
quillt deine Lippen auf
im subkrustalen Klang

ein grosser dunkler Strudel
zieht dich hinab
mitten ins Herz

        *   *

Hab keine Angst
Spinnchen
bei mir bist du zuhaus

        *   *

Die Perle N a c h t in der Hand
ein verwehter Vogeltraum
auf den Lippen
– der Zweimaster des Atems
fliegt segelgeschwellt
in die Umarmung

Die Luft brennt
Städte brennen
Wälder brennen
Meere brennen
Wüsten brennen
Menschen brennen
– das ist nicht nur ein Traum
das kommt wirklich auf uns zu

Im Dickicht
des planetarischen Nebels
in der tödlichen Umarmung
der Würgfeigen

Das Weltall

eine Dysphasie*
ein Brand des Verstummens
eine V e r e i s u n g

(* Dysphasie: Sprechstörung)

Farbenklangrisse

   ᣟᣟ   ᣟᣟ

Ich reiche dir die Hand

in Mozarts Orgelsolo-Messe KV 259
um im Licht zu tanzen
aufflammend in der Umarmung

   ᣟᣟ   ᣟᣟ

Ob Vernunft
oder Unvernunft
im Weinglas
spiegelt sich nichts
– wir trinken u n s
bis zur letzten Neige

Rien na va plus
meint der alte Croupier
das Roulette
hat bereits vor Jahrmillionen
begonnen
jetzt ist das Spiel aus

Ich sehe nichts mehr
Vögel griesseln
wie verloren
ins Ichweissnichtwohin

– sich die Brille zu putzen
bringt nichts

Du bist die Wolken in mir

du bist die Kometenbahn in mir
du bist die Ruineneidechse in mir
du bist die Jazzgitarre in mir
du bist der Traum in mir
ICH BIN IN DIR

Die Illusion des Angekommenseins

Ich weiss nicht
was Wahrheit ist
doch ich sehe den Schatten
einer Zitterpappel
auf dem Stein

༄༄   ༄༄

Der alte Astronom
schüttelt den Kopf
über das Theater
des Universums

༄༄   ༄༄

Lustvolle Jonglagen
des Traums

in mir
rumort die Apokalypse

Bis zur Unkenntlichkeit
zerfetzt
die Erinnerung
– die Trugbilder der Schönheit

Dein Leib
die Kalligraphie
eines Engels
   schwebend
     verspielt
       formvollendet

Im Mandolinenbauch
ruht das Weltall auch

Gekrümmte Flugbahn
der Sonne am Horizont
handinhand mit dir

Der Weg
ist zu lang
wir schaffens nicht

Verschattet
die Sonne
vom Menschen

Du kommst nachts zu mir –
der Atem ruht sich aus
in der Zuneigung

Zum Glück
gibt es dich nicht
Gott
du wärst
ein Enfant terrible
ein launisches Läuschen

Die Traumfarben
singen
jede Deutung
liefe fehl

Abzutauchen
aufzutauchen
ohne zu wissen
was oben was unten ist
das macht der Lyriker

Du bist für immer
mein astronomischer Ort
Ligusterschwärmer

Die Sonnenbahn
auf deinem Körper
der Höhlenfluss
orgelnd auf der Zunge

꙳ ꙳   ꙳ ꙳

Wir entfernen uns
voneinander
unendlich weit
bis zum Punkt
in dem wir ineinanderfallen

꙳ ꙳   ꙳ ꙳

Wie schön
sich zu verirren
auf der Wanderung
mit Cardenals *Gesängen des Universums*
im Rucksack
in der Illusion
des Angekommenseins

           ⌇⌇   ⌇⌇

Engelwurzdoldig
bauchig
dein Körper –
ein Tanzlied
wechselnd
im Refrain der Lust

           ⌇⌇   ⌇⌇

Mit gekrümmten Zeitfingern
flammt der Augenblick auf
– doch wo
sollte ich dich suchen
im ewigen Eis des Nichts?

Wie eine dicke Spinne
kriecht die Nacht näher
    zum Schreibtisch
    zum Drehfauteuil
    zum Weinglas
ZU DEN SCHATTEN AN DER WAND
– ins dunkle dunkle Pochen in mir

SCHMERZ
AUSWEGLOS

HILFLOS VERSTUMMT

    ʕ◠ʔ   ʕ◠ʔ

Was für ein Tanz
des Rosmarinseidelbasts
im Weinkrug
von Crateris!

    ʕ◠ʔ   ʕ◠ʔ

Du schreibst in die Luft
nur Winde verstehen dich
Wort auf den Lippen

　　✿　　✿

IRRHEIT DER QUAL

Welt
Wahnbild
verstummt
im Nachtsturz

　　✿　　✿

Schwerelos Liebe –
Licht tanzt auf dem Birkenblatt
wir sehen uns an

Das Faksimile
des Quastenflossers
des sechshundertfünfzig
Lichtjahre entfernten
Orionis
IN DEINER HAND
die ich halte
behüte ich
mit meinen Lippen

Ginsengwurzlig
tanzend
der Homo sapiens –

die Napfschnecke
in der Brandung des Universums
an den Herzfelsen gespült
weiss wie ich
nicht mehr aus und ein

Nachtwind kommt auf
in der Verwirrung

aushäusig
exterritorial
das Wort

Echolos in mir
die Fülle der Wirklichkeit –
ein Ruf der Leere

Solare und lunare
Energieströme
im Geschlecht –
auf gehts
mit dem Zweimaster
zu Kastor und Pollux
zu den Zwillingen im Geiste
bebend traumumarmt

Waldprimelblüten
wie offne Sternhaufen
singend in der Hand

⁂   ⁂

Arthur Rimbaud

⁂   ⁂

Das Wort
fiel
in die Verdunkelung
    INS QUALVOLLE
    VERSTUMMEN

    ༻༺   ༻༺

Eingegrenzt
    ausgegrenzt
die fremden Silhouetten
am Horizont
die Sonne untergehend
im Angstauge
    FIEBRIG
        FASSUNGSLOS
            ANTWORTLOS
im verkrusteten Schwarz
im höhlendunklen Schmerz

    ༻༺   ༻༺

In der Baumkrone
sitzt die Sonne
was soll die Sonne
sonst machen
ausser in der Baumkrone
sitzen

In *Intermundien**
zuhause
beziehungslos verloren
AUFATMEND
OB SO VIEL FREIHEIT

(Intermundien: die von Epikur zwischen
den unendlich vielen Welten angenommenen
Zwischenräume)*

Wunderbar wild wuchernd
der Walnusskern
der Sterne
denkt der Wurzelfüsser
und wandert
in die warme Nacht

꙼꙼꙼   ꙼꙼꙼

Azaleenblühend
die Erinnerungen
die Täuschungen

꙼꙼꙼   ꙼꙼꙼

Zerfetzter Himmel
zerfetzte Landstriche
zerfetzte Meere
zerfetzte Städte
zerfetzte Menschen
– in allen Rissen aller Welten
erkenne ich dein trauriges Lächeln

Der Brand des Universums
auf den Lippen
der Kuckucksblume
in deinem Atem
ergreift alle Welten
die Herzkammern
verbrennend das Wort
DAS DUNKLE SCHWEIGEN

DENNOCH ZU LEBEN
ZU LEBEN
MIT DIR

Wo du dich verloren hast

Mit allem verbunden
mit nichts verbunden
in der Verlorenheit
der Umarmung

Zu entfliehen
ins Raumlose
in die Larve des Nichts
in die Erfüllung des Zerfalls
– Dasselbe ist nie Dasselbe

Im Rausch
der Farben
das wellende Delirium
der Lebenslust

᠅᠅   ᠅᠅

Die Natur
des Geistes
ist sinnlich
auf deinen Lippen
in den Fluten des Herzens
in der Nacktheit deines Körpers
– ich falle auf die Knie
vor dem Leben

᠅᠅   ᠅᠅

Meine Zunge
kitzelt deinen Bauch
Seinsfülle als Ursache
der Selbsttäuschung
– macht nichts
ich entsage *nicht* allen Illusionen
du bleibst mir nah
ich lasse mich
mit dir fallen

Mit dir
ins Unmögliche
auszuschweifen
in die Riffelungen der Täuschung
– wir verstehen uns

Lass mich reden
lass mich schweigen
es kommt aufs Gleiche hinaus

          ⁀⁀⁀   ⁀⁀⁀

Mit dir
in der Flamme der Ekstase
LEBEN LEBEN LEBEN

          ⁀⁀⁀   ⁀⁀⁀

Wie prachtvoll
das Universum –
dein Körper ist schöner
komm zu mir ins Bett

Deine Augen
Dunkelwolken
des Universums
Hymn Of The Cherubim

Wassergeister
auf der Zunge –
das Schweigen
kümmert sich nicht darum

⁀⁀⁀   ⁀⁀⁀

Ich treffe mich
mit dir
bei Chopins Impromptus
warte in der Dämmerung
auf deinen zögernden Schritt
auf dein kommendes Schweigen

⁀⁀⁀   ⁀⁀⁀

Alles verlangt
nach deinem Blick
nach der Sprache der Nacht
die lautlos
wie ein Segelschiff
mit dem grossen Strom
ins Unbekannte flieht

Hinters Sichtbare
zu fallen
dorthin
wo du dich verloren hast
– mute es mir zu
dass ich zu dir komme
dass ich dich finde
und umarme

Gefangen
in der Verblendung
befreit von Bindungen
lassen wir das Haus brennen
    schreiten wir
    aufeinander zu

             ˚˚˚   ˚˚˚

L E B E N
zu leben
als Schwimmkäfer
Salatrapünzchen
Doppelstern Pictoris
IN DEINEM ATEM

             ˚˚˚   ˚˚˚

Ich werfe
den mehrarmigen Anker
in dich
wissend
dass uns nichts mehr hält

Im Widerspruch
des Kristalls
zu Füssen der Zeit
tanzen
Amöben und Götter
selig vereint
als ob es Rettung gäbe

Der Atem stockt
wenn sich das Auge
mit Abwesenheit füllt
in den unendlichen Räumen
der Verlorenheit
im Kokkolith*
der Verzweiflung

(Kokkolith: aus Kalkalgen entstandenes
Sedimentgestein der Tiefsee)*

 ⁀⁀⁀   ⁀⁀⁀

Aufgefächert
in der Balance
des Atems
das Wort

 ⁀⁀⁀   ⁀⁀⁀

Unendlichkeit flimmert
in deinen Augen
die Milchstrasse
eine silbrige Schleife
in deinem Haar

ༀ   ༀ

Ob verdunkelt
oder erleuchtet
dein Wesenskern
– ich umarme dich

ༀ   ༀ

In der Goldaugenlarve
  der Lusttraum
    der Liebestraum
      der Geisttraum
ein Leben mit dir

          ≈̂   ≈̂

Trillerseligkeiten der Mücken
Oktaven der Salamander
Arpeggien des Gemüses
Paukengedröhn der Kohlköpfe
– fürwahr ein Fest!

          ≈̂   ≈̂

Ein Früchtekorb
dein Leib
in den länger werdenden Schatten
des Sonnenuntergangs
wenn alles verstummt
und nur die Angst
unheimlich mit den Füssen scharrt

        ≈≈   ≈≈

Aufsteigend
bis zur Formlosigkeit
einswerdend mit dem Universum
    den Staubläusen
       der Adonislibelle
bis hin zu Mozarts Genie
– ERLEUCHTET
VOR DEM UNTERGANG

        ≈≈   ≈≈

Trunken
in den Dissonanzen
des Universums
in der Brunnenschachttiefe
deines Auges

Es ist ein Zittern
in der Welt
wenn der fremde Vogel
schweigt

Aus einer fremden Tonmasse geformt
der menschliche Körper
    der atmet
    der liebt

Nacht in der Muschel
deiner Hand

        ❀   ❀

Würziger Wind
trillernd trippelnd
im Wuschelkopf
des buckligen Rosmarinbaums
– verliebtes Dasein
in deinen Augen

        ❀   ❀

Noch ist nicht alles vergangen
verschleiert im Morgendunst
der Traumfetzen
im Madrigal c-gis-a
   gefleckt
      apfelig tüpfelig
WINDHARFEND

            ⁀⁀⁀   ⁀⁀⁀

VOLLENDUNG
DER GEGENWART
gespiegelt
die kugligen Sternhaufen
in den Scheinquirlen
auf den Lippen
der Taubnessel
in den Augen
der Purpurkopfbarbe

            ⁀⁀⁀   ⁀⁀⁀

Als ob es
etwas zu beweisen gäbe
in den Lichtdiffusitäten
der Täuschung
lacht der Zackenbarsch
und eilt zu seinem Freund
Piscis austrine
da dieser bloss 69 Lichtjahre entfernt
auf ihn wartet

Was für eine Riesin
das Nichts!
ich halte es lieber
mit den Zwergen
des Seins

Tonlos
ORTLOS
im Streulicht
der astronomischen Dämmerung
des Quasarenkollaps –
wo du auch bist
ich fange dich ein
um dich zu küssen

    ༄༄   ༄༄

Zerklüftet zornschroff
der Traum
händeineinanderumschlungen
weil nichts beginnt und endet
in den Formen der Nichtbegehbarkeiten
in den Evidenzen der Nacht
den Algen des Universums
den torfigen schilfigen Teichen in mir

    ༄༄   ༄༄

Du lachst
unergründlich
nach dem Weckruf
der nicht dir galt

      ᵕ᷄᷅ᵕ   ᵕ᷄᷅ᵕ

Glückselig
und leer
wie ein Wasserfall
alle Erkenntnis
in der Täuschung
IN DER SINNLICHEN VISION

      ᵕ᷄᷅ᵕ   ᵕ᷄᷅ᵕ

Das Wort
ein Quarzglasauge

      ⌢⌢⌢   ⌢⌢⌢

Mit dir
im Schiffsmastausguck
den Horizont suchend

Paul Gisi, 1949 in Basel geboren, Schulen in Basel, Primarlehrerpatent in Zug, einige Jahre Schulpraxis, Aufenthalte in Südfrankreich, viele Jahre lang Korrektor in der Ostschweiz, über 120 Publikationen, hauptsächlich Lyrik, aber auch Kurzprosa, Sätze und Briefe, erhielt wenige Preise, lebt in Rorschach am Bodensee.

www.zackenbarsch.ch
zackenbarsch.gisi@gmail.com